SOCIÉTÉ

DE

SECOURS MUTUELS

DE

VAUGIRARD

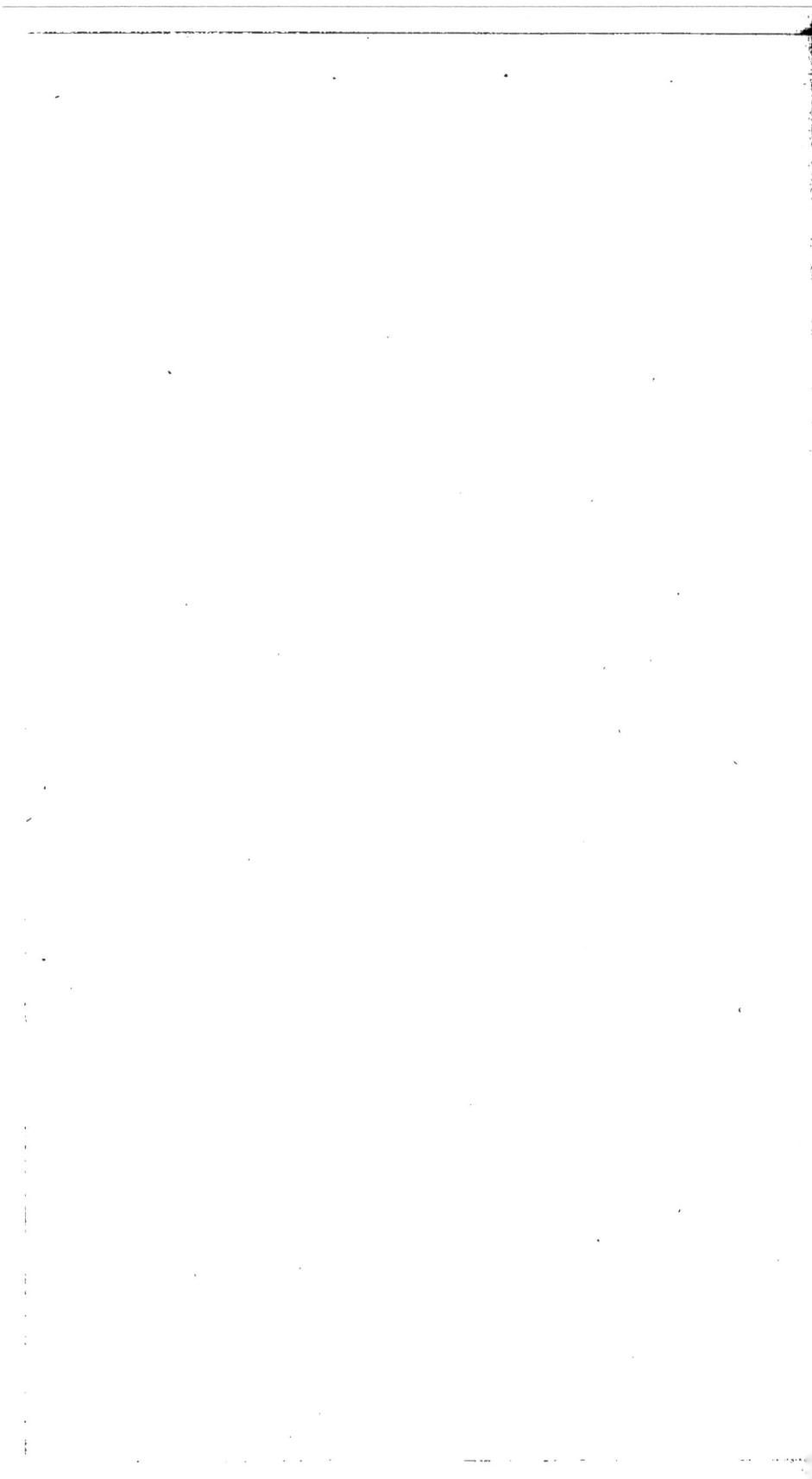

———◆◆◆———

Paris, le 21 décembre 1853.

Le Ministre de l'Intérieur, sur le rapport du Conseiller d'État, Directeur général de l'Administration intérieure ;
Vu les propositions de la Commission supérieure d'encouragement et de surveillance des Sociétés de Secours mutuels ;
Vu le décret organique du 26 mars 1852, sur les Sociétés de Secours mutuels,

Arrête :

ART. 1. Sont approuvés, tels qu'ils sont annexés au présent arrêté, les Statuts de la Société de Secours mutuels créée sous la dénomination de *Société de Secours mutuels de Vaugirard,* dans la commune de Vaugirard (Seine), pour la circonscription indiquée dans lesdits Statuts.

Néanmoins, cette Société pourra être tenue de régler la cotisation de chaque sociétaire d'après les tables de maladie et de mortalité qui seront confectionnées ou approuvées par le Gouvernement.

ART. 2. La Société dénommée en l'article précédent jouira des droits et priviléges accordés par le décret du 26 mars 1852.

ART. 3. Le Règlement d'administration intérieure de cette Société ne pourra déroger aux Statuts et sera soumis à notre approbation.

ART. 4. Le Conseiller d'État, Directeur de l'Administration intérieure, est chargé de l'exécution du présent arrêté.

Fait à Paris, le 21 décembre 1853.

Signé : F. DE PERSIGNY.

Pour ampliation :

Le Conseiller d'État chargé de la Direction
générale de l'administration intérieure,
FRÉMY.

Collationné :
Le Chef du deuxième bureau de la
Division du Secrétariat.

Ministère de l'Intérieur.

—∞—

INSTITUTIONS DE PRÉVOYANCE. — SOCIÉTÉS DE SECOURS MUTUELS.

—∞—

NOMINATION DE PRÉSIDENT.

—◦◦◦◦◦◦—

NAPOLÉON, par la grâce de Dieu et la volonté nationale, empereur des Français, à tous présents et à venir, salut.

Sur le rapport de notre Ministre secrétaire d'État au département de l'Intérieur ;
Vu le décret organique du 26 mars 1852, sur les Sociétés de Secours mutuels,

Avons décrété et décrétons ce qui suit :

ARTICLE 1.

Est nommé Président de la Société de Secours dite *de Vaugirard* (Seine) (n° 357), établie près Paris,

M. THIBOUMERY, maire de Vaugirard.

ARTICLE 2.

Notre Ministre secrétaire d'État au département de l'Intérieur, est chargé de l'exécution du présent décret.

Fait au palais des Tuileries, le 24 décembre 1853.

Signé : NAPOLÉON.

Par l'Empereur, le Ministre secrétaire au département de l'Intérieur,

Signé : F. DE PERSIGNY.

Pour ampliation : le Conseiller d'État,

Signé : C. FRÉMY.

Pour copie conforme à la susdite ampliation ministérielle restée en dépôt à la Préfecture de Police.

Pour le Préfet de Police,

Le Secrétaire-Général,

A. DE SAULXURES.

STATUTS

DE LA

SOCIÉTÉ DE SECOURS MUTUELS

DE

VAUGIRARD,

APPROUVÉS PAR ARRÊTÉ MINISTÉRIEL RELATÉ CI-DESSUS.

CHAPITRE Iᵉʳ.

Formation et But de la Société.

ART. 1. Une société de secours mutuels est établie dans la commune de Vaugirard, sous le titre de *Société de Vaugirard*.

Elle a pour but :

1° De donner les soins du médecin et les médicaments aux sociétaires malades;

2° De leur payer une indemnité pendant le temps de leurs maladies;

3° De pourvoir aux frais de leurs funérailles.

Les femmes peuvent faire partie de la Société aux conditions prescrites par les art. 19 et 22.

Elles ne peuvent participer ni aux délibérations ni à l'administration de la Société.

CHAPITRE II.

Composition de la Société.

ART. 2. La Société se compose de sociétaires et de membre honoraires.

Art. 3. Les sociétaires sont ceux qui ont souscrit l'engagement de se conformer aux présents statuts et règlements, et participent aux avantages de la Société.

Art. 4. Les membres honoraires sont ceux qui, par leurs soins, leurs conseils et leurs souscriptions, contribuent à la prospérité de l'association sans participer à ses avantages.

Art. 5. Le nombre des sociétaires ne pourra excéder 500. Toutefois, le nombre des sociétaires pourra être augmenté en vertu d'une autorisation spéciale du Ministre de l'Intérieur.

Le nombre des membres honoraires est illimité.

CHAPITRE III.

Conditions et Mode d'admission et d'exclusion.

Art. 6. Les sociétaires sont admis en assemblée générale, au scrutin et à la majorité.

Pour être admis, il faut être valide, d'une conduite régulière, n'avoir pas plus de cinquante-cinq ans et pas moins de seize ans, avoir son domicile depuis six mois dans Vaugirard.

La Société peut admettre, sans condition de domicile et sans le délai fixé par l'art. 23, le membre sortant d'une autre association, sur la présentation d'un certificat du président de cette association.

Tout candidat devra être présenté au bureau par deux membres de la Société; le bureau, dans le délai d'un mois, décide s'il y a lieu de présenter le candidat à l'assemblée générale.

Dans l'intervalle des assemblées générales, le bureau peut admettre provisoirement au versement de la cotisation et aux avantages de la Société, sauf restitution dans le cas où l'assemblée ne validerait pas l'admission.

Art. 7. Les membres honoraires sont admis par le président et le bureau, sans condition d'âge ni de domicile.

Les membres actifs peuvent sur leur demande être admis par le bureau au nombre des membres honoraires, et les membres honoraires peuvent être admis comme membres actifs, en se soumettant aux conditions exigées pour ceux-ci.

Art. 8. Sont exclus de la Société les membres qui auront subi une condamnation infamante.

Art. 9. Cessent de droit de faire partie de la Société les membres qui n'auront pas payé leur cotisation depuis trois mois.

La radiation est prononcée en assemblée générale, au scrutin et sans discussion, sur la proposition et le rapport du bureau :

1° Pour préjudice causé volontairement aux intérêts de la Société;

2° Pour conduite déréglée et notoirement scandaleuse.

Les cotisations versées par les sociétaires exclus ou radiés ne leur seront pas remboursées; toutefois le livret inscrit à la caisse des retraites, au nom des sociétaires exclus ou radiés, leur reste acquis.

Il peut être sursis par le bureau à l'application du premier paragraphe de l'art. 8, lorsqu'il est justifié que le retard du paiement de la cotisation est occasionné par des circonstances indépendantes de la volonté du sociétaire.

Le sociétaire dont la radiation est proposée sera invité à se présenter devant le bureau, pour être entendu sur les faits qui lui sont imputés; s'il ne se présente pas au jour fixé, il sera passé outre.

CHAPITRE IV.

Administration, Service médical et pharmaceutique.

Art. 10. L'administration est confiée à un bureau composé d'un président, de deux vice-présidents, de deux secrétaires, d'un trésorier et de dix administrateurs.

Art. 11. Le président est nommé par l'Empereur.

Art. 12. Les autres membres du bureau sont élus par l'assemblée générale et pris parmi les membres actifs et les membres honoraires.

Les vice-présidents et secrétaires sont élus pour un an.

Le trésorier est élu pour trois ans.

Les administrateurs se renouvellent chaque année par cinquième.

Tous les membres sortants sont rééligibles.

Art. 13. Le bureau administre la Société.

Il confère et retire le diplôme indiqué dans l'art. 12 du décret du 26 mars 1852.

Dans l'intervalle des assemblées générales il prend toutes les mesures nécessaires à la bonne administration de la Société, sauf à en rendre compte à la prochaine assemblée générale.

Le président surveille et assure l'exécution des statuts.

Il adresse chaque année à l'autorité compétente le compte-rendu exigé par l'art. 20 du décret du 26 mars 1852. Il est chargé de la police des assemblées; il signe tous les actes, arrêtés ou délibérations, et représente la Société dans tous ses rapports avec l'autorité publique.

Les vice-présidents remplacent au besoin le président, qui peut leur déléguer tous ses pouvoirs.

Le secrétaire est chargé de la rédaction des procès-verbaux, de la correspondance et de la conservation des archives.

Le trésorier fait les recettes, les paiements et les placements de la Société; il paie sur mandats visés par le membre du bureau délégué à cet effet. Il délivre aux sociétaires, au moment de leur admission, des cartes sur lesquelles il constate le paiement de la cotisation. Il inscrit régulièrement les recettes et dépenses sur un livre de caisse, coté et paraphé par le président. Il tient en outre un grand livre ainsi qu'un contrôle des sociétaires et des membres honoraires. A chaque assemblée générale il présente le compte-rendu de la situation financière.

Art. 14. Le bureau est secondé par des visiteurs chargés de visiter les malades et d'assurer à leur égard l'exécution du règlement.

Les visiteurs sont choisis par le bureau parmi les membres de la Société.

Leur mission est d'aller visiter les malades, de leur porter l'indemnité due en cas de maladie, de s'assurer que le malade reçoit exactement les visites du médecin et les médicaments prescrits, de signaler au bureau tous les abus et les infractions aux statuts et règlements qu'ils auront pu remarquer pendant le cours de leurs visites; enfin, de leur procurer, autant qu'il sera en eux, les soins et consolations que comporte leur état.

Art. 15. La société se réunit en assemblée générale deux fois par an, le premier dimanche d'août et de décembre, pour entendre les rapports sur sa situation, et pour prononcer sur les questions qui lui sont soumises par son bureau.

Le président peut en outre convoquer l'assemblée générale, soit d'office, soit sur la demande de vingt-cinq membres.

Art. 16. Le bureau se réunit tous les mois, à jour fixe, et chaque fois qu'il est convoqué par le président.

Art. 17. Le règlement concernant la police des séances est arrêté par les soins du bureau et approuvé par l'assemblée générale.

Art. 18. Le service médical et pharmaceutique est réglé par le bureau.

CHAPITRE V.

Des Obligations envers la Société.

Art. 19. Les sociétaires s'engagent à payer une cotisation mensuelle, et à s'acquitter avec zèle et exactitude des fonctions qui leur seront déléguées par le bureau ou par l'assemblée.

La cotisation sera de 1 franc pour ceux qui entreront dans la Société avant l'âge de trente ans; de 1 franc 50 centimes, depuis trente ans jusqu'à cinquante-cinq ans.

Les femmes paieront une cotisation de 0 franc 75 centimes, si elles entrent avant trente ans; 1 franc 25 centimes, depuis l'âge de trente ans jusqu'à cinquante-cinq ans.

Les sociétaires devront, aux jours et heures indiqués par le règlement, porter chez le trésorier leurs cotisations. Le sociétaire peut être admis à anticiper les époques de versements, pour tout le temps qu'il juge convenable.

Le défaut de paiement de sa cotisation dans le mois, après le jour fixé pour le versement, sera puni d'une amende de 0 franc 30 centimes; si le retard est de deux mois, l'amende totale sera de 0 franc 50 centimes.

Art. 20. Les membres honoraires paient une souscription, dont le minimum est fixé à 1 franc par mois.

Art. 21. Dans le cas de décès d'un membre de la Société, une députation est convoquée, par les soins du bureau, pour assister aux obsèques.

Quiconque ne se sera pas rendu à la convocation, sera passible d'une amende de 0 franc 50 centimes.

CHAPITRE VI.

Des Obligations de la Société envers ses Membres.

Art. 22. Les soins du médecin et les médicaments sont donnés aux sociétaires malades pendant tout le temps de la maladie.

L'indemnité payable au sociétaire malade est fixée à 1 franc 50 centimes par jour pendant le premier trimestre, et à 1 franc pendant le deuxième trimestre de la maladie.

Si la maladie se prolonge plus de six mois, le bureau décide s'il y a lieu de continuer l'indemnité en en fixant le chiffre et la durée.

Une indisposition de trois jours ne donne pas lieu à une indemnité; une maladie plus prolongée donne lieu à l'indemnité à partir du premier jour.

Si le sociétaire est traité à l'hôpital, il reçoit les deux tiers de l'indemnité qui lui serait due s'il était traité à domicile, à moins qu'il n'y soit entré par ordonnance du médecin de la Société ; dans ce cas, il a droit à l'indemnité tout entière.

Les femmes reçoivent une indemnité de 1 franc par jour pour le premier trimestre de la maladie, et de 0 franc 75 centimes pour le deuxième trimestre.

Les dépenses de l'accouchement et des neuf jours qui suivent ne sont pas à la charge de la Société, sauf le cas de maladie se déclarant pendant ce temps, constatée par un certificat du médecin.

Art. 23. Le sociétaire n'a droit aux avantages de l'association, que trois mois après son premier versement.

Art. 24. Aucun secours n'est dû pour les maladies causées par la débauche ou l'intempérance, ni pour les blessures reçues dans une rixe, lorsqu'il est prouvé que le sociétaire a été l'agresseur, ni pour les blessures reçues dans une émeute à laquelle il aura pris une part volontaire.

Art. 25. La Société assure à chacun des sociétaires, en cas de décès, un enterrement convenable, dont les frais sont à sa charge.

CHAPITRE VII.

Fonds social et Placement des Fonds.

Art. 26. Le fonds social se compose :
1° Des versements des sociétaires ;
2° De ceux des membres honoraires ;
3° Des subventions accordées par l'État, le département ou la commune ;
4° Des dons et legs particuliers ;
5° Des intérêts des fonds placés ;
6° Du produit des amendes prononcées par le règlement.

Art. 27. Lorsque les fonds réunis dans la caisse excéderont la somme de 3,000 francs, l'excédant sera versé à la Caisse des dépôts et consignations.

Art. 28. A la fin de chaque année, il sera statué, en assemblée générale, sur l'emploi des fonds restés disponibles. Toutefois, pendant les cinq premières années d'existence de la société, une moitié au moins de l'excédant sera nécessairement affectée à un fonds de réserve. Dans le cas où les fonds restés disponibles seraient appliqués à des pensions de retraite, ils devront être versés dans la caisse générale des retraites.

CHAPITRE VIII.

Modifications, Dissolution et Liquidation. — Jugement des Contestations.

Art. 29. Toute modification aux statuts et règlements devra être soumise d'abord au bureau, qui juge s'il doit y donner suite.

Aucune modification ne pourra être admise qu'à la majorité des deux tiers des membres présents à l'assemblée générale.

Art. 30. Les statuts de la Société, ainsi que toutes modifications aux statuts, doivent être approuvés par le ministre de l'intérieur.

Art. 31. La Société ne peut se dissoudre d'elle-même, qu'en cas d'insuffisance constatée de ses ressources.

La dissolution ne peut être prononcée qu'en assemblée générale, spécialement convoquée à cet effet, et par un nombre de voix égal aux deux tiers des hommes inscrits.

Art. 32. Cette dissolution ne sera valable qu'après l'approbation du ministre de l'intérieur.

Art. 33. En cas de dissolution de la Société, la liquidation s'opérera en suivant les conditions prescrites par l'article 15 du décret du 26 mars 1852.

Du jugement des contestations.

Les contestations qui s'élèveraient au sein de la Société, seront toujours jugées par deux arbitres nommés par les parties intéressées. S'il y a partage, il sera vidé par un tiers arbitre nommé par les deux autres, et, à leur défaut, par le président de la Société.

CHAPITRE IX.

Révision des Statuts.

Art. 34. Les présents statuts seront soumis à la révision, à l'expiration de la cinquième année de l'existence de la Société.

Les présents statuts ont été délibérés et adoptés dans une réunion qui s'est tenue à la mairie de Vaugirard, le 11 juillet 1853, des personnes dont les signatures sont ci-après, et qui avaient été convoquées par M. le maire, en leur qualité de souscripteurs à raison de 1 franc par mois, pour devenir membres honoraires de la Société de secours mutuels à créer à Vaugirard.

Les mêmes personnes avaient, dans une séance du 4 de ce mois de juillet, qui s'est tenue également à la mairie, sous la présidence de M. le maire, choisi pour membres du bureau provisoire de ladite Société les personnes désignées sur la liste annexée aux présents statuts.

Signé : Fenoux, Leroy, Couteau, Pousson, Ruaux, Thévenin, Blériot, Bourcier, Flamarion, Radouan, Mahen, Marsilly, Bergeron, Charpentier, Gassion, Moreau, Daval, Callot, Degouy, Malbec, Aveline, Ronce, Leroy, Ferrand, et Thiboumery, maire.

Pour copie conforme :

Le maire de Vaugirard,

Thiboumery.

Vu pour être annexé à l'arrêté du 21 décembre 1853, enregistré sous le n° 2016.

Le ministre de l'intérieur,

Signé : F. de Persigny.

Pour copie conforme :

Le conseiller d'Etat, chargé de la direction générale de l'administration intérieure,

C. Frémy.

Imprimerie Bailly, Divry et Cᵉ, place Sorbonne, 2.

www.ingramcontent.com/pod-product-compliance
Lightning Source LLC
Chambersburg PA
CBHW060737280326
41933CB00013B/2678